考試升呢秘笈 第三版
23 個有效提升成績的方法

作　　　者	:	羅恩寧
編　　　輯	:	Cherry
封 面 設 計	:	Steve
排　　　版	:	Leona
出　　　版	:	博學出版社
地　　　址	:	香港中環德輔道中107-111號
		余崇本行12樓1203室
出 版 直 線	:	(852) 8114 3294
電　　　話	:	(852) 8114 3292
傳　　　真	:	(852) 3012 1586
網　　　址	:	www.globalcpc.com
電　　　郵	:	info@globalcpc.com
網 上 書 店	:	http://www.hkonline2000.com
發　　　行	:	聯合書刊物流有限公司
印　　　刷	:	博學國際
國 際 書 號	:	978-988-14865-4-7
出 版 日 期	:	2012 年 11 月 (第一版)
		2013 年 8 月 (增強版)
		2017 年 3 月 (第三版)
定　　　價	:	港幣 $ 48

U0152279

Published and Printed in Hong Kong
如有釘裝錯漏問題，請與出版社聯絡更換。

考試升呢秘笈
23個有效提升成績的方法

　　想考試攞高分？希望成績大進步？要知道甚麼是考試必殺技？

　　那麼，我們誠意邀請你看看這本繪本書。

　　希望這些小點子能對你有所啟發，持之以恆，相信能幫助你達成心願，在學習上更上一層樓。

作者簡介

羅恩寧，小六女生一名（現中四女生），熱愛繪畫和寫作，曾獲 2012 家添戲 FUN 劇本創作比賽－亞軍、2012 凝聚正能量，環保滿盼望徵文比賽－冠軍、2012 甜心媽媽變變變形象設計比賽－冠軍、第 46 屆工展會兒童繪畫比賽－亞軍、2011 社企徵文比賽－亞軍和 2009 我的第一個個人網誌創作比賽－冠軍等多個設計和寫作比賽的獎項；文章曾於明報、星島日報、兒童快報、兒童科學、木棉樹等報章雜誌上刊載；並曾為有線電視拍攝三集特輯和接受親子王雜誌的專訪。校內成績也不錯，不時獲學業優良獎和各科的優異獎。

作者希望此書對大家有所啟發，不用只顧「死讀書、讀書死」，更願意讀者們能將本書的小點子持之以恆，在學習上更上一層樓。

《作者得獎網誌》
http://blog.yahoo.com/
charislaw

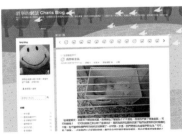

人物介紹

肥仔強
想成績好但苦無辦法

肥仔媽
望子成龍，但常是失望而回

尖子傑
年年考第一，是尖子中的尖子

K 書玲
只會死讀書，因方法不對而事倍功半

Dr. Triangle
博學多才，以培育尖子為己任

徐副校長
盡心教書，但教不得其法

目錄 CONTENTS

備戰篇

實戰篇

戰後檢討篇

考試升呢附錄

備戰篇

整齊安靜助思考

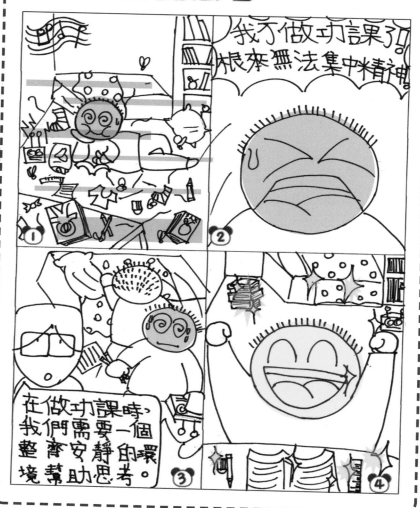

升呢秘笈

　　我常聽別人說：「Messy Desk, Messy Mind」，一點也不錯。

　　因此，我們要常常整理好房間和書枱，常用的文具和書本（教科書和字典等）放在容易拿到的地方，好讓我們能專心溫習功課。

確立目標助前進

升呢秘笈

要成績進步，首要是訂立明確目標，努力向前，理想必能達到。

- 定下清晰和可量度的目標，如：默書和測驗 90 分以上，鋼琴考獲三級等。

- 目標最好能細分為多個小目標，容易達成和讓孩子知道自己的進度，如：每天記下 5 個默書的生字，每天做一頁練習，每天練琴半小時等。

- 多讚賞孩子的努力，他們便會樂於朝目標努力前進。

專心讀書效率高

升呢秘笈

　　讀書不專心、拖拖拉拉、浪費時間，是許多學生的問題，解決方法有：

- 長時間地集中做功課容易疲倦，只會事倍功半。可定下每段的半小時的溫習時段，然後再漸漸增加，漸進地培養孩子的專注力。

- 每次小休３分鐘，可喝杯水和做些手和頸部運動，舒展一下，不宜太大動作，更不要離位。

- 若有分心的，父母可以手勢，或輕輕一句「專心些」來提示。完成活動後稱讚他的努力。

- 若作業太多，可分段進行。如：先做三樣，小休後再做三樣。

- 讓孩子先完成較易的習作，待其進入狀態後再做些較難的。

- 抄寫和要用腦筋的功課可交替進行，使孩子容易提起精神，專心地完成功課。

- 困難的習作，可分段進行。例如：「作文」可先寫大綱和重點，待小休後才完成寫作。

- 「遊戲」能讓孩子在不自覺中投入參與，專心完成，有效提升專注力。

- 找數字：將數字１至 25（或 50）隨意寫在格仔紙上，然後順序找出１至 25（或 50）的數字咭，並記下所需時間。重覆遊戲，突破自己的記錄。

- Bingo 遊戲

- 找不同（１０個以上）遊戲

- 老師話：輪流扮演老師，發出一連串指令，其他人跟著做。

- 捉蟲蟲：找一篇文章，每讀出某個字（如 " 的 "）時，使用最快時間捉住隔鄰同學的食指，同時另一隻手要收起不讓別人捉到。

時間表增效率

升呢秘笈

　　光陰似箭，若不好好珍惜，時間飛快地便溜走了，呆坐一整天也可能一事無成。

　　我們要按自己的能力制定時間表，並堅持努力地實行，成功了便給自己一些小獎勵，成績一定突飛猛進。

平日時間表

時間表

4:00-6:00	看電視
6:00-7:00	吃飯
7:00-8:00	打機
8:00-10:00	功課

Wrong

Time Table ✿

4:00-6:00	Home Work
6:00-7:00	Study
7:00-9:00	Exercise
9:00-10:00	吃飯

Wrong

① 做好時間表了!

② 時間表完成了!

③ 其實,時間表不應把做功課放到最後,因這樣會沒有精神;也不應沒有休息時間。

④ 正確的時間表

4:00-6:00	功課
6:00-7:00	吃飯 ☺
7:00-8:00	溫習/看書
8:00-10:00	娛樂 ☺

Right

17

升呢秘笈

　　制定時間表最重要是「量力而為」和「落實執行」，否則只會半途而廢。

　　因此，在安排時不要太寬鬆或太緊迫，工作和休息時間要交替出現，才能事半功倍。

　　功課要第一時間做好，便能無後顧之憂地盡情玩耍了！

試前時間表

升呢秘笈

考試前三星期是個關鍵時刻，讓我們好好整理學習過的內容，有不明白的要問清楚，不熟識的要用心溫習。因此，我們要按個人需要制定時間表，最好能把書本重複溫習多次，達致明、通、透的階段。

每天溫習一點點，既不費力，又能有效牢記內容，到了考試前，便能信心十足地面對考試了！

取長補短

升呢秘笈

　　每個人也有其獨特而優勝的學習方法。訪問成績好的同學，可以得知他們的讀書秘訣，學習其長處。我們可以設定幾條訪問的題目，例如：

一．你每天用多少時間做補充練習？

二．你做甚麼出版社的練習？

三．你有甚麼好的讀書方法？

四．你如何準備考試？

五．考試時，如何可以錯少些「Careless Mistake」？

積少成多

升呢秘笈

每天花十分鐘做練習的成效遠比臨考試才做好，因為這樣能穩定地建立我們基礎能力，到了考試時，溫習一點也不費力了。

可以把學校的習作紙複印做多次，也可按能力選擇合適的補充練習，每天做一頁，積少成多，成績一定突飛猛進。

妹妹自幼每天做練習，二年級便做我五年級時的練習了，總評還得了兩科一百分，真是棒極了！

開卷有益樂無窮

升呢秘笈

　　筆者的校長有一句名言:「Waiting Time, Reading Time!」提醒我們要把握時間讀課外書,增進語文能力,對考試大有助益。

　　所以,我每天也用約一小時看書,至今已差不多看完整套金庸的小說、和多套英文小說了。剛開始時,可以每天看中英文書各 10 分鐘,習慣了再慢慢加長時間,必能讓你樂在書中呢!

尖子書櫃

中文圖書（由淺入深）

小故事大道理（小樹苗）　系列圖書

親子枕邊100故事（星島出版）　系列圖書

特務喜羊羊（一漫年出版）　系列圖書

特務超新星（一漫年出版）　系列圖書

四大名著兒童版（精英出版社）　系列圖書

老鼠記者（新雅出版）　系列圖書

超級版奇案小幹探（新世紀出版）　系列圖書

Q版特工（突破出版）　系列圖書

飛躍青春系列（山邊出版）　系列圖書

公主傳奇（新雅出版）　系列圖書

特警部隊（新雅出版）　系列圖書

魔幻偵探所（新雅出版）　系列圖書

這面金牌留給你（世界出版社）

偷走時間的信差（青藍出版社）

牛津狀元的培育（第五版）（博學出版社）

后宮甄嬛傳（浙江文藝出版社）　一套五冊

金庸作品集（明河社）　系列圖書

英文圖書（由淺入深）

全是系列圖書

Oxford Reading Tree 系列 (Oxford)

My Weird School (Harper)

Junie B. Jones (Scholiastic)

Magic Tree House (Random House)

A to Z Mysteries (Random House)

Geronimo Stilton (Scholastic)

Diary of a Wimpy Kid (Amulet Books)

Goosebumps Series (Scholastic)

Mr. Midnight Series

Secret Seven Series (Hodder)

Famous Five Series (Hodder)

The Hunger Game

參考書

不再詞窮（青春文化） 一套四冊

• 大大增加作文時的英文詞彙

學生描寫詞彙（中華書局）

• 大大增加作文時的中文詞彙

炒飯記憶法

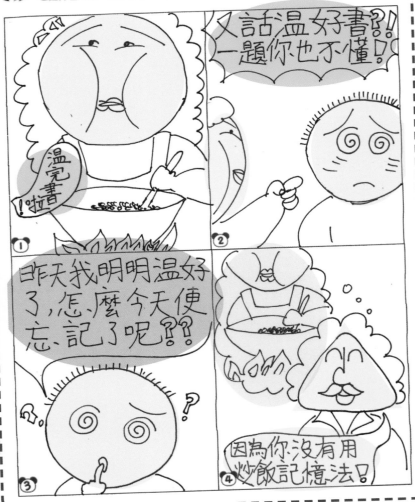

升呢秘笈

溫書不可以只溫一次，因為很容易會忘記。我們應該像炒飯一般，要來回翻炒多次才能色香味俱全的。

溫習也是同理，要在老師教授完的當天重溫一次以鞏固記憶，再在考試前幾星期初步複習一下，到考試前一星期再重溫。最後，到了考試前一天，便已複 習得「滾瓜爛熟」了，無論題目如何艱深，也難不到你了！

三文治溫習法

升呢秘笈

溫書除了要像炒飯一般，要多次重溫才能使記憶牢固，還有要像三文治的製作方法，才能事半功倍。

我們要先溫習需要大量記憶的科目（如中英文生字、常識等），再溫一些不太需要記憶的（如數學、英文文法、中文閱讀理解等）。這樣，在記憶時便不會那麼吃力和更易「入腦」了！

活用記憶法

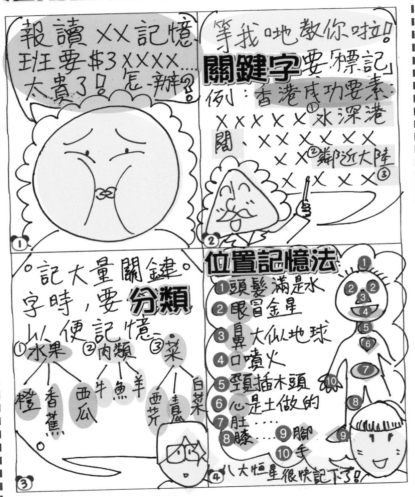

① 報讀 ×× 記憶班要 $3××××……太貴了! 怎辦?

② 筝我哋教你啦!

關鍵字要「標記」
例:香港成功要素:
×××××水深港闊①、××××××②鄰近大陸××××③

③ 。記大量關鍵。字時,要**分類**以便記憶。

①水果 ②肉類 ③菜

橙 香蕉 西瓜 牛 魚 羊 西芹 薑 白菜

④ **位置記憶法**
① 頭髮滿是水
② 眼冒金星
③ 鼻大似地球
④ 口噴火
⑤ 頸插木頭
⑥ 心是土做的
⑦ 肚……
⑧ 膝…… ⑨ 腳
⑩ 手

八大恆星很快記下了!

升呢秘笈

記憶法首重實踐，活學活用，便能得心應手了。以下是一些方法：

關鍵字記憶法

把「關鍵字」以螢光筆標記同時牢記該字，並記下它與整句的關係。

分類記憶法

要記很多字詞時，可將其分類記下。當記得關鍵字時，也順帶記下其相關的字詞。

位置記憶法

把身體分成 10 個位置（口），聯想它與要記的字詞之關係（口噴火），便能有效順序記事了（火星）。

心情日記練文筆

升呢秘笈

正所謂：「工多藝熟」，要作文有進步，最好的方法是常常操練。一個有趣又容易「上手」的方法，便是每天寫下當天的重要事情和心情，名為「心情日記」。

這樣，不但可以擴闊詞彙、操練文筆、也可在其中作反思和感恩，天天獲益良多。

若能一天用中文書寫，一天用英文書寫，中英並重，則更得益。

實戰篇

工欲善其事

升呢秘笈

很多同學應考前只顧拼命溫書，忘記整理筆袋內的文具，到考試時才發現鉛筆不好寫、塗改帶壞了⋯尖子傑卻備整所有文具，還在抽屜內擺放各樣文具各三套，以策安全。

分秒必爭

很多同學不懂如何分配時間，往往最後不夠時間作答，實在可惜。其實，習慣使用計時器，並預留十分一時間覆卷，並按各部分所佔分數分配作答時間，便萬無一失了！

Careless Mistake! Go! Go! Go!

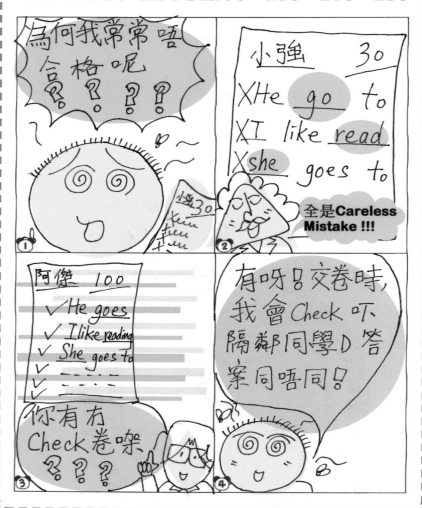

升呢秘笈

很多同學以為 Careless Mistake 是小事，其實往往失分最多正是這些錯誤。以下是踢走它的小貼士：

一. 在問題的關鍵字上做記號，如「一打」、「Short Answers」、「由大至小」等。

二. 做每條題目時也當是沒時間再 Check 一次般小心翼翼。

三. 遇到容易的題目更要小心，因更易有 Careless Mistake。

四. 遇到困難的題目不用急，因為別人也可能不懂，盡力做，然後打個記號，遲些再 Check。

五. 做完卷後，最好由頭 Check 一次，再由尾 Check 一次。

醒腦食物宜多吃

升呢秘笈

考試前不宜大吃大喝，宜吃：

一. 含碳水化合物的食物（如麥包、三文治等）以助集中力

二. 優質蛋白質（肉類、蛋、奶、豆腐和芝士等）以助腦部運作

三. 卵磷脂及奧米加脂肪酸（豆漿、植物油、果仁、三文魚、沙甸魚等）以增強集中力和記憶力。

作息定時精神好

升呢秘笈

考試前最好有充足睡眠，至少有九小時的安睡，加上良好的睡眠質素，必能事半功倍。以下是提升睡眠質素的方法：

不應做

睡前不應進食／不宜玩電玩和電腦／不宜看電視／不宜喝水等。

睡前應做

沖熱水澡以助血液循環及放鬆／看書或雜誌／聽音樂／禱告等。

合適壓力增效能

升呢秘笈

　　有關壓力的研究顯示，太多或太少壓力也會大大影響我們的表現，只有在適量的壓力下，我們的力量才能發揮到最高點。如果壓力讓你更努力讀書，越讀越起勁，那便是適量的壓力了。

減壓妙方

升呢秘笈

　　除了以上方法外，我們也可嘗試：吃些喜愛的美食、買點小禮物、按摩、禱告、向父母或親友傾訴、為考試定合理期望、看電視或玩電腦遊戲（最好不多於一小時）等。總而言之，只要盡了努力，便問心無愧了。

戰後檢討篇

反敗為勝

升呢秘笈

很多同學都只重視分數，其實，更重要是從錯處中找原因，下次不要再錯，得分便能不斷進步。

英文科

多在文法、閱讀理解的長答和介詞出錯。若真如是，就要在這幾方面多做練習了。

中文科

多在別字、閱讀理解和作文時失分。最好做一個個人常寫錯字的「字表」，考試前多溫習。

數學科

常見的問題是運算、解題或時間不足，宜針對問題，對症下藥。

老師評語要緊記

升呢秘笈

老師每天與學生朝夕相對，對每個學生也有一定的了解。因此，我們要緊記他們的勸告和評語，好壞也要虛心接受，從中多作反思。

記得二年級的班主任說我有繪畫天份，三年級的班主任說我有寫作天份，我朝這兩方面努力，結果得了不少公開比賽的獎項。

到了五年級，老師勸勉我要多控制自己的情緒和脾氣，我循這方面學習，獲益不少。

求學不只求分數

升呢秘笈

很多人認為分數高等同成功，其實這只代表我們和其他同學的相對表現，不能完全等同個人實力。

因種種原因，有些人在考試很順利，有些人則常是失望而回。與其只看分數，不如多建立個人實力，在中英文閱讀和寫作上下苦功，為未來的學習打好基礎。

此外，找出個人的長處，專心和努力發揮你的天賦，建立自信，更為重要。

升呢記錄冊

備戰期	連續三星期每天都能完成	連續三個月每天都能完成	連續三年（除特別事情外）每天都能完成
1 常常整理好房間和書枱			
2 按自己的能力制定時間表			
3 每天放學後，第一時間完成功課和溫習			
4 每天最少看中英文書各 20 分鐘			
5 每天做中英數練習各一頁			
6 常常寫心情日記			

實戰期	已完成	未完成的原因
1 備齊各樣文具各三套		
2 使用計時器，並預留足夠時間覆卷		
3 考試時期多吃醒腦食物，如三文魚、蛋、牛奶等		
4 考試時期最少有九小時優質的睡眠		
5 懂得調節壓力，不多不少，越讀越起勁		

戰後檢討期	列出問題	列出長處
1 英文科		
2 中文科		
3 數學科		
4 常識科		
5 老師評語		
6 自我檢討		

講座內容

自《考試升呢秘笈》出版後，我們曾到訪多間教育機構和教會一同分享學習心得。我們提供不同的學生及家長講座和工作坊，歡迎聯絡。

電郵：belovedhome2013@gmail.com　聯絡電話：59031055

【高效管教法家長課程】

以《輕鬆教出乖孩子》為藍本，結合最有效的管教方法編定的課程，讓家長短時間內掌握不打不罵，由內而外，如何教出自律和自信的孩子。

內容：

1. 如何安排優質的親子時間
2. 如何定立界線
3. 有效的賞罰方法
4. 四步到位的情緒管理
5. 如何建立孩子的價值觀和自信心

【高效學習法家長課程】

以《考試升呢秘笈》為藍本，結合最有效的學習方法編定的訓練課程，讓孩子在學習上快樂、自律和自信。

內容：

1. 提升聽覺、視覺和持續性專注力的活動和遊戲
2. 提升學習能力的韻律和健腦運動
3. 教授有趣實用的記憶方法
4. 如何建立良好的閱讀習慣
5. 如何建立有效的學習目標和時間表

【如何有效預備升中的挑戰】

內容：

以《考試升呢秘笈 II》為藍本，簡介如何為升中作準備及有效的溫習方法。

其他講座及工作坊：

如何有效提升子女的自信心和責任感

如何預防及改善子女的網絡沉溺行為

如何有效提升子女的學習興趣和能力

如何有效培養閱讀興趣和習習慣

如何運用感統智能遊戲改善專注力

如何運用感統智能遊戲改善記憶力

如何運用感統智能遊戲改善書寫能力

如何透過感覺統合訓練提昇學童的學習能力

高效能家長減壓大法

延伸閱讀

一。《考試升呢秘笈 II》

適合高小至初中生，介紹更多有效的溫習方法，特別加入初中生必備的學習方法，預備升中學的同學不容錯過。

二。《輕鬆教出乖孩子（增訂版）》

作者何定邦女士，兩女之母，職業治療師，國際認可感覺統合評估員，曾任教會牧者，私人執業於兒童訓練中心逾十年，並為主流小學提供學生訓練、家長及教師講座。其大女兒羅恩寧為《考試升呢秘笈 I 和 II》作者。

發展潛能　推動成長　蒙恩得力

蒙恩之家學習及復療顧問是一個由資深基督教傳道人和復康治療專家組成，致力為社會有需要人士提供優質服務的機構。

服務對象：
☆ 學習困難的學童及其家人
☆ 期望提升其學習能力之學童及其家人

服務目標：
☆ 講解如何以合適的教導方法，讓子女從小培養良好的生活習慣和獨立能力
☆ 講解如何建立良好的學習和閱讀習慣，並依靠禱告在考試中得力
☆ 以基督的愛和救恩，給予支持和心靈的力量，引發其不斷成長的動力

服務範圍：
☆ 提供免費電話諮詢服務
☆ 舉辦提升學童考試成績和生活能力講座
☆ 藉分享基督的福音給予心靈安慰和力量

蒙恩之家學習及復康顧問
地址：銅鑼灣軒尼詩道 513 號維寶商業大廈 20 樓
電話：59031055　　傳真：35119002
網址：www.belovedhome.org/rehab.htm
電郵：belovedhome2013@gmail.com
臉書：www.facebook.com/belovedhome2013